どの子も夢中！ そのまま掲示物に！

わくわく図工ワークシート101

絵の具編

三好真史 著

学陽書房

はじめに

「大きな絵を描いてみましょう。自分の思ったように描いていいですよ！」

そう指示が出されても、ピタリと手が止まったまま。

いざ描きだしたと思いきや、とんでもないところに色を塗ってしまって、もう取り返しのつかないことに……。

図画工作科の授業で、そのような光景を見たことはありませんか。

大きな絵を描こうと思っても、色の塗り方や筆の使い方を学んでいなければ、なかなか思い通りに表現することができません。

基本的な知識や技能が身についていなければ、描くことができなくて、描くことそのものが嫌になってしまうこともあり得ます。

そこで効果的なのが、小さなワークで練習することです。

小さな絵で練習すれば、失敗したって大丈夫。何回でもやり直すことができます。

筆の使い方や色の塗り方の基本を学ぶことができるのです。

本書では、子どもたちに絵の具を用いた絵画の基本的な技能を教えるためのワークシートをたっぷりと収録しています。

適切なレベルや内容を捉えて、ワークシートを選択し、コピー・印刷して使用します。

どれも、1〜2時間程度で用いることができるものばかりです。1枚だけを何回も取り組んでもいいし、2〜4種類を用意しておいて、様々なワークに取り組ませるのもいいでしょう。

本書のワークを経た上で、大きな絵に取り組んでいくようにします。

身につけた知識や技能を活かして、表現活動に取り組んでいくのです。

また、大きな絵を早く終えた子どもの課題として、ワークを用いることもできます。

作品としてそのまま掲示物にすることだって可能です。使い方は自由自在です。

多くの子どもは、絵を上手に描けるようになりたいと感じています。

思い通りに筆を運ぶ方法さえ分かれば、もっと自由に絵画の時間を楽しむことができるようになることでしょう。

子どもの困りを解消し、楽しい図画工作科の授業をつくり出してみようではありませんか。

Contents

はじめに ………………………………………………………………………… 3

本書の使い方 ………………………………………………………………… 9

Chapter 1 基本の筆の使い方や塗り方が楽しく身につく図工ワークシート

● 筆で線を描くワーク

考え方・授業の進め方と作品例 …………………………………………… 12

- ワーク1　のろのろカタツムリ
- ワーク2　飛行機雲
- ワーク3　ペロペロキャンディ
- ワーク4　車は走るよ どこまでも
- ワーク5　長い縄跳び
- ワーク6　モグラの道

● 均一に塗るワーク

考え方・授業の進め方と作品例 …………………………………………… 20

- ワーク7　丸と星
- ワーク8　三角形とハート
- ワーク9　四角形と六角形
- ワーク10　風船
- ワーク11　3つの人形
- ワーク12　3つの果物

Column 1　図画工作科で求められる技能とは？ ……………………… 28

Chapter 2 水の量の調整によって色の濃淡を学ぶ図工ワークシート

● 水の量を調整するワーク

考え方・授業の進め方と作品例 …………………………………………… 30

- ワーク13　温度計
- ワーク14　四つ葉のクローバー

- ワーク 15　首かざり
- ワーク 16　カタツムリ
- ワーク 17　傘
- ワーク 18　クジャクの羽

● **水の量を調整して絵に色を塗るワーク**

考え方・授業の進め方と作品例 ……………………………………………………… 38
- ワーク 19　キラキラ宝石
- ワーク 20　1色ステンドグラス
- ワーク 21　バラ
- ワーク 22　ハトのステンドグラス
- ワーク 23　ジグザグもよう
- ワーク 24　こいのぼり

● **グラデーションワーク**

考え方・授業の進め方と作品例 ……………………………………………………… 46
- ワーク 25　夕焼けの町
- ワーク 26　森の空
- ワーク 27　原始時代の空
- ワーク 28　サバンナ
- ワーク 29　遊園地の空
- ワーク 30　海の底

Column 2　水入れの使い方 ……………………………………………………… 54

Chapter 3　基本のチョンチョン塗りと 色の変化が学べる図工ワークシート

● **チョンチョン塗りの線塗りワーク**

考え方・授業の進め方と作品例 ……………………………………………………… 56
- ワーク 31　テントウムシの円
- ワーク 32　ペンギンの散歩道
- ワーク 33　かけっこの足あと
- ワーク 34　動物たちの足あと
- ワーク 35　導火線に着火！
- ワーク 36　迷路の絵

● チョンチョン塗りの色塗りワーク

考え方・授業の進め方と作品例 ……………………………………………… 64

ワーク37 バケツをバシャン
ワーク38 UFO から出る光
ワーク39 かき氷
ワーク40 ヒトデのひとやすみ
ワーク41 池の中のコイ
ワーク42 木の上のカメレオン

Column 3 絵の具とパレットの使用方法 ……………………………… 72

Chapter 4 色の混ぜ方・配分が楽しく学べる 図工ワークシート

● 色混ぜワーク

考え方・授業の進め方と作品例 ……………………………………………… 74

ワーク43 カボチャ（赤色と黄色）
ワーク44 サボテン（黄色と青色）
ワーク45 ブドウ（青色と赤色）
ワーク46 フラミンゴ（赤色と白色）
ワーク47 チーズ（黄色と白色）
ワーク48 ビーチボール（青色と白色）

● 三原色混ぜワーク

考え方・授業の進め方と作品例 ……………………………………………… 82

ワーク49 三原色の足し算
ワーク50 白の足し算
ワーク51 黒の足し算
ワーク52 オリジナル色の足し算
ワーク53 色の足し算①
ワーク54 色の足し算②

● 三原色混ぜの色塗りワーク

考え方・授業の進め方と作品例 ……………………………………………… 90

ワーク55 赤レンガの壁
ワーク56 幸福の青い鳥

ワーク57 熟したバナナ

ワーク58 虹

ワーク59 ビンの中のビー玉

ワーク60 私のトロピカル・ドリンク

● 主張色ワーク

考え方・授業の進め方と作品例 …………………………………… 98

ワーク61 河原の石 (青に赤)

ワーク62 チューリップ (青に赤)

ワーク63 秋の葉 (緑に赤)

ワーク64 紅葉 (緑に赤)

ワーク65 きのこの群生 (茶に青)

ワーク66 家の連なり (茶に青)

Column 4 図画工作科とICT …………………………………… 106

Chapter 5 様々な技法から表現力・想像力を育む図工ワークシート

● にじみワーク

考え方・授業の進め方と作品例 …………………………………… 108

ワーク67 ろうそく

ワーク68 ぼんやり電灯

ワーク69 シャンデリア

ワーク70 アルコールランプ

ワーク71 虹色の魚

ワーク72 きょうりゅうの卵

● かすれワーク

考え方・授業の進め方と作品例 …………………………………… 116

ワーク73 ススキ

ワーク74 ネコジャラシ

ワーク75 イルカのジャンプ

ワーク76 嵐の日

ワーク77 美しいまり

ワーク78 木の幹

● スパッタリングワーク

考え方・授業の進め方と作品例 ………………………………………… 124

ワーク79 いろいろな葉っぱ

ワーク80 猫

ワーク81 チョウ

ワーク82 カーネーション

ワーク83 街並み

ワーク84 手

● ドリッピングワーク

考え方・授業の進め方と作品例 ………………………………………… 132

ワーク85 クジラの噴水

ワーク86 ヒガンバナ

ワーク87 カミナリ様の稲妻

ワーク88 ライオンのたてがみ

ワーク89 魔法の宝箱

ワーク90 羽ばたくフクロウ

● スタンピングワーク

考え方・授業の進め方と作品例 ………………………………………… 140

ワーク91 桜の木

ワーク92 アジサイ

ワーク93 カラフル羊

ワーク94 カラフル亀

ワーク95 火山の噴火

ワーク96 灯台に打ちつける波

● マーブリングワーク

考え方・授業の進め方と作品例 ………………………………………… 148

ワーク97 マーブル・ベアー

ワーク98 マーブル・おばけ

ワーク99 マーブル・アサガオ

ワーク100 マーブル・アイスクリーム

ワーク101 マーブル・宇宙

参考文献 ………………………………………………………………… 155

本書の使い方

　本書の図工ワークシートは、そのまま印刷して、すぐに使うことができるとともに、次の3つの使い方ができます。

使い方①　大きな絵を描く前のウォーミングアップに

　図画工作科の授業では、絵の具を用いて大きな絵を描く時間が設けられます。ただ、子どもたちにとって、大きな絵を描くのはハードルが高いことがあります。何時間もかけて描く絵が、自分の思い通りに描き進められなければ、苦痛の時間が続くことになります。それを続けてばかりいては、絵を描くこと自体が嫌いになってしまうかもしれません。

　本書のワークシートは、1時間程度で終えることができます。失敗しても問題ありません。絵の具で色を塗ることのウォーミングアップができるのです。絵を描くことについて、抵抗感を減らせると期待できます。

使い方②　技法の練習に

　本書のワークシートは、それぞれ技法別に分けられています。1時間程度の教材として扱い、基本的な技能を身につけられるようにします。ワークシートで技法を学び、基本的な技能を身につけた上で、それを大きな絵で活用するのです。

　例えば、混色について学んでから、大きな絵で混色を活かした植物の絵を描く。あるいは、グラデーションについて学んでから、大きな絵の背景でグラデーションを用いるというように単元を展開します。

使い方③　スキマ時間の穴埋めに

　大きな絵を描いていると、活動を早く終える子どもが出てきます。遅い子どもと早い子どもの差があまりにも大きければ、早くできた子どもは手持ちぶさたになってしまいます。

　早くできた子どもには、読書などをさせるよりも、せっかくの図画工作科の時間なのですから、絵を描くことを楽しんでもらいたいものです。そこで、本書のワークシートをあらかじめ3～5種類ほど印刷して用意しておき、教卓の横へ置いておきます。子どもが、好きなワークシートを選ぶことができるようにするといいでしょう。

　このように、早くできた子どもと、遅い子どもの時間差を埋めるための教材として活用することが可能です。

ご購入・ご利用の前に 必ずお読みください

　本書収録のワークシートは、各作品例の右上部に付した QR コードから PDF ファイルとしてダウンロードすることができます。

ダウンロードデータについて

　各 QR コードから弊社管理の Google ドライブにアクセスし、そこからワークシートの PDF ファイルをダウンロードしてご活用ください。

　QR コードからリンクにアクセスできない場合やデータがダウンロードできない場合、教員の方が使用される端末アカウントの自治体や学校のセキュリティの設定が原因となることがあります。その場合、個人の端末やアカウントをご使用いただくと、ダウンロードできる場合があります。

　また、本書発行後に Google ドライブの機能が変更された場合、ワークシートの PDF ファイルのダウンロードができなくなる可能性があります。また、そのことによる直接的、または間接的な損害・被害等のいかなる結果について、著者ならび弊社では一切の責任を負いかねます。あらかじめご理解、ご了解ください。

印刷のポイント

　ワークシートの PDF ファイルは、A4 サイズ出力を前提に作成しています。あまり拡大しすぎると画像が粗くなり、イラストの線がギザギザに見える場合もありますので、ご了承ください。

使用範囲

　本書収録のワークシートは、児童生徒を対象として授業内で使用する場合に、コピー・印刷して使用することができます。

Chapter ❶

....

基本の筆の使い方や塗り方が楽しく身につく図工ワークシート

....

線を描いたり、枠の中に色を塗ったりすることで、

筆の使い方の基本について学びます。

筆で線を描くワーク

考え方

まずは、筆の運び方を確認します。基本的には、「カタツムリの線」の速さでゆっくりと描くようにします。色は、1色だけを用いるようにします。慌てず、ゆっくりと、長い線を引くことによって、安定した筆使いができるようになることを目指します。

授業の進め方

子どもたちには、「今回は、1色で色を塗ります。パレットの一番小さな部分を『教室』、色を混ぜる部分を『運動場』と呼びます。『教室』に1色を出して、『運動場』へと移動させます。そして、500円玉くらいの大きさに、筆に含まれている水と絵の具をゆっくりと混ぜていきます。描いていて絵の具がなくなってしまったら、もう一度この作業をやりましょう。ゆっくりと線を引きます。カタツムリが動いていくときのような速さで描いていきましょう」と取り組み前の説明を伝えます。

作品例と各ワークシートのPDFファイルがダウンロードできるQRコード

 のろのろ カタツムリ

 飛行機雲（ひこうきぐも）

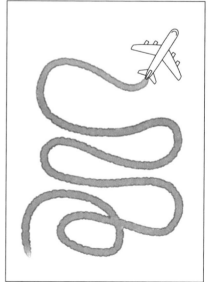

ワーク3 ペロペロキャンディ	ワーク4 車は走るよどこまでも

ワーク5 長い縄跳び	ワーク6 モグラの道
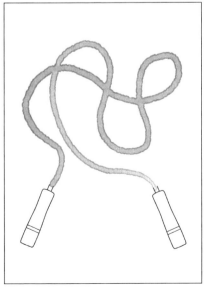	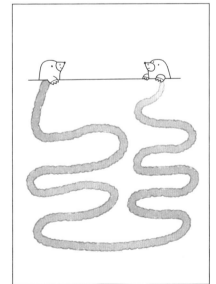

Chapter 1 基本の筆の使い方や塗り方が楽しく身につく図工ワークシート

ワーク1 筆で線を描く
のろのろカタツムリ

1色の絵の具だけで、カタツムリが進んだ道を描きましょう。

年	組	名前

ワーク2 筆で線を描く 飛行機雲

1色の絵の具だけで、飛行機雲を描きましょう。

年　　　組　　　名前

ワーク3 筆で線を描く
ペロペロキャンディ

中心からグルグル線を描いて、ペロペロキャンディを作りましょう。

年　　組　　名前

ワーク 4 筆で線を描く
車は走るよ どこまでも

1色の絵の具だけで、車が走ったあとを描きましょう。

| 年 | 組 | 名前 |

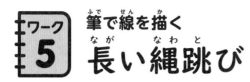

ワーク5 筆で線を描く
長い縄跳び

縄跳びの柄があります。長い縄を描き足しましょう。

| 年 | 組 | 名前 |

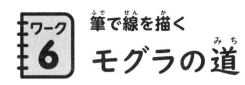

筆で線を描く
モグラの道

地面の下に、長いモグラの道を作りましょう。

年　　　組　　名前

均一に塗るワーク

考え方
小学校低～中学年では、まだ色を塗ることに慣れていないことがあります。そこで、枠や線の中に色を塗る練習をします。水と絵の具の量を一定にして、均一な色が塗れるようになることを目標として取り組みます。

授業の進め方
子どもたちには、「今回は、描かれている絵に色を塗ります。『教室』から『運動場』へ色を移動させて、ゆっくりと混ぜます。ムラなく塗ることができるようにします。描いていて絵の具がなくなったら、もう一度移動させます。最初から最後まで、水と絵の具の量を一定に保ったままで塗るようにしましょう」と取り組み前の説明を伝えます。

作品例と各ワークシートの PDF ファイルがダウンロードできる QR コード

  丸と星   三角形とハート

ワーク 9 四角形と六角形

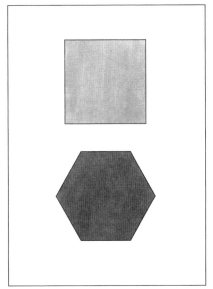

 ワーク 10 風船

 ワーク 11 3つの人形

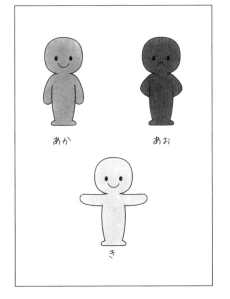

 ワーク 12 3つの果物

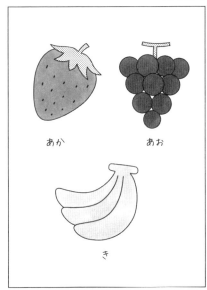

Chapter 1 基本の筆の使い方や塗り方が楽しく身につく図工ワークシート

ワーク7 均一に塗る 丸と星

線から外へはみ出さないように気をつけて、均一に色を塗りましょう。

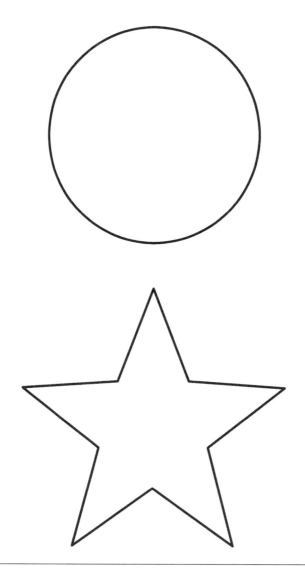

| 年 | 組 | 名前 |

| ワーク 8 | 均一に塗る
三角形とハート |

線から外へはみ出さないように気をつけて、均一に色を塗りましょう。

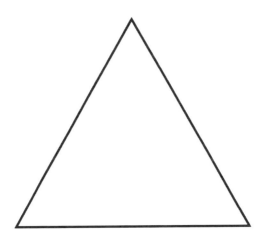

| 年　　組　　名前 |

均一に塗る
四角形と六角形

線から外へはみ出さないように気をつけて、均一に色を塗りましょう。

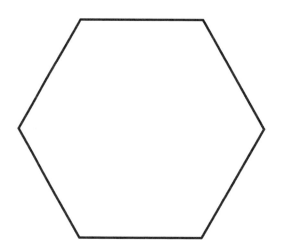

年　　　組　　　名前

ワーク 10 | 均一に塗る
風船

線から外へはみ出さないように気をつけて、均一に色を塗りましょう。

年　　組　　名前

ワーク 11 均一に塗る
3つの人形

線から外へはみ出さないように気をつけて、3つの色で均一に色を塗りましょう。

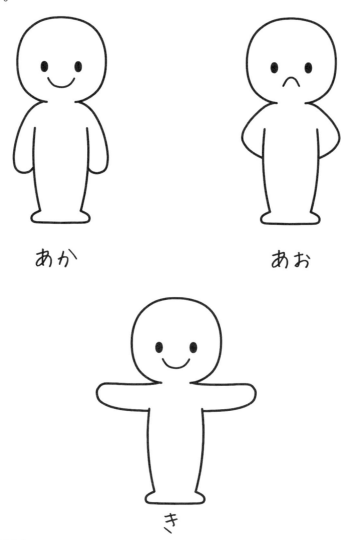

年　　組　　名前

ワーク12 均一に塗る
3つの果物

線から外へはみ出さないように気をつけて、3つの色で均一に色を塗りましょう。

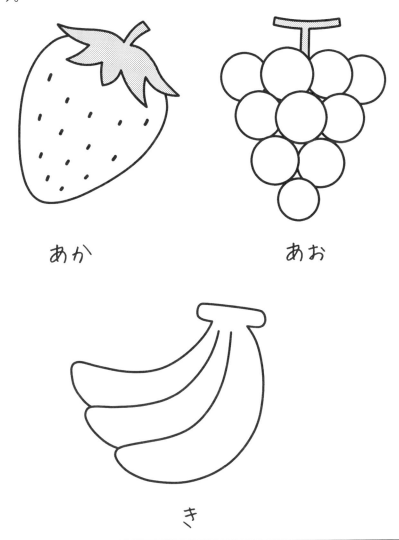

あか　　　　あお

き

年　組　名前

図画工作科で求められる技能とは？

　どの教科でも、学ぶべき知識や技能があります。図画工作科の時間も学習ですから、授業の中では技能について学びます。ただし、図画工作科の技能は、他の教科のそれよりも少し難解なところがあります。例えば、算数科であれば「2けた足す2けたの計算ができるようになる」というように指導内容が明確ですが、図画工作科では明確な内容が存在していません。

　そこで、図画工作科で培う技能を2種類に分けて考えてみましょう。「基本的技能」と、「創造的技能」です。図画工作科の授業では、創造的技能を用いることが求められています。創造的技能とは、自分の思いを形にする技能のことです。これは、何度も練習を積み重ねることで正確な加工ができるような技能を意味するものではありません。画一的な指導では、自分の表したいことを表現できないことがあります。クラス全員がまったく同じ絵を描くような指導にならないよう、教師は注意しなければなりません。

　それでは、用具の使い方すら教えず、すべてを考えさせるようにすればいいのでしょうか。実際、絵の具の混ぜ方や使い方、水入れの使い方まで考えさせようとするような授業に出合うことがあります。そうすると、筆に水がうまくついていない状態で色塗りをしたり、絵の具を単色でベタベタに塗りこんだりしてしまうような事態が起こります。この場合、子どもは創造的技能を発揮しているのではありません。筆や絵の具の適切な使い方を「知らないだけ」なのです。

　つまり、「このような作品にしたい」と思っていたとしても、自分の思い通りの作品は完成しません。まったく何も教えないままに、絵を描き始めても、用具の使い方が分からなければ表現できないのです。子どもの思いは貴重なものですが、基本的技能に関する指導については、一定程度必要です。創造的技能を支えるために、基本的技能を身につける必要があるということができます。

　本書のワークシートは、この基本的技能を習得することをねらいとしています。本書を通して、絵の具の使い方や、絵画の技法を身につけます。その上で、子どもたちの創造的技能が充分に発揮できるような作品制作に取り組むようにするといいでしょう。

Chapter ❷

....

水の量の調整によって
色の濃淡を学ぶ
図工ワークシート

....

水の量を変えて色を塗ることで、
色の濃淡の表現方法について学びます。

水の量を調整するワーク

考え方

子どもたちは、色の濃淡を表現するのに、「白」を混ぜればいいと考えていることがあります。そうではなくて、色を薄めるときには水を足して、色を濃くするときには水を少なくするようにします。水の量を変えて塗ることで、色の濃淡への理解を促しましょう。

授業の進め方

子どもたちには、「今回は、1色で色を塗ります。色の濃さは、筆に含まれる水の量を変えることで変わります。水の量が多くなれば薄くなり、透明に近づいていきます。一方で、水の量を減らしていくと、色がどんどん濃くなります。水の量を変えながら色を塗り、どれくらいの水の量で、どれくらいの薄さになるのかを見て学びましょう」と取り組み前の説明を伝えます。

作品例と各ワークシートのPDFファイルがダウンロードできるQRコード

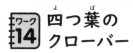

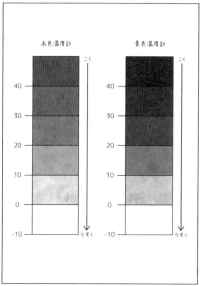
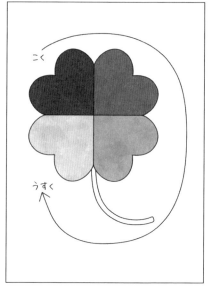

ワーク15 首かざり

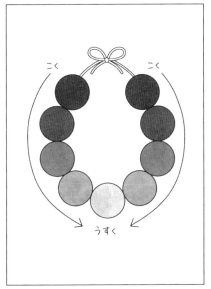

ワーク16 カタツムリ

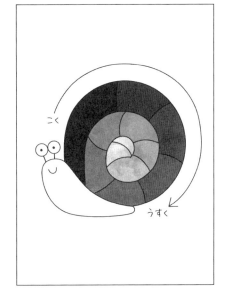

ワーク17 傘(かさ)

ワーク18 クジャクの羽(はね)

Chapter 2 水の量の調整によって色の濃淡を学ぶ図工ワークシート　31

ワーク13 水の量を調整する 温度計

水の量を変えると、ちがった赤色と青色ができます。ここに、温度計があります。「赤色と水」「青色と水」で色をつけましょう。

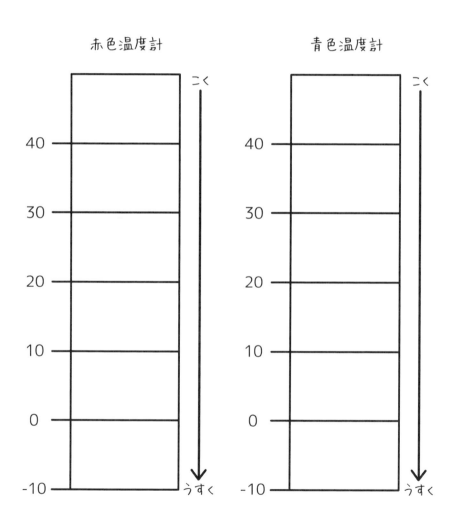

年　　　組　　　名前

ワーク14 水の量を調整する
四つ葉のクローバー

水の量を変えると、ちがった色ができます。左から右へ、右から下へ、右から左へと、緑色と水で色を塗りましょう。

年　　組　　名前

ワーク 15 水の量を調整する
首かざり

水の量を変えると、ちがった色ができます。左半分は左から下へ、右半分は右から下へと、あい色と水で色を塗りましょう。

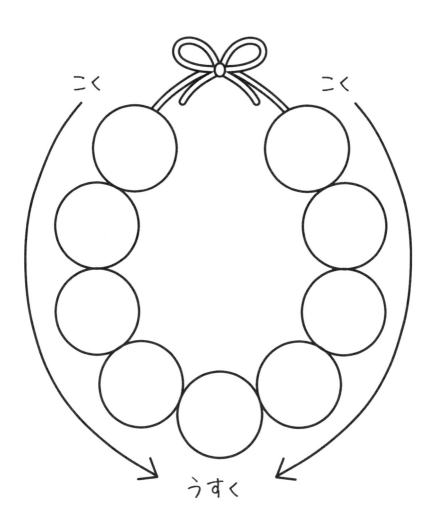

年　　組　　名前

ワーク 16 — 水の量を調整する
カタツムリ

1色を選んで色を塗りましょう。水の量を変えると、ちがった色ができます。外側から内側へ、少しずつ水の量を増やして色をうすめるようにします。

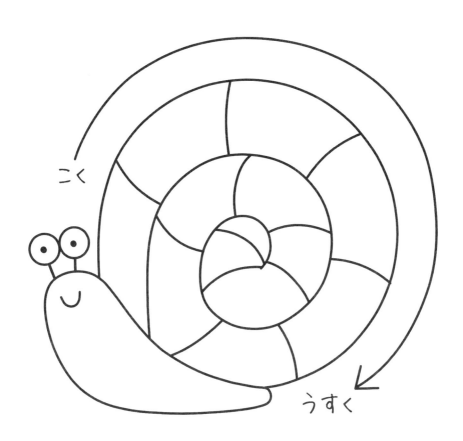

年　　組　　名前

水の量を調整する
傘

水の量を変えると、ちがった色ができます。少しずつ水の量を増やして色をうすめるようにします。左から右へ、1色を選んで色を塗りましょう。

こく ——————————→ うすく

年　　　組　　　名前

ワーク18 水の量を調整する
クジャクの羽

水の量を変えると、ちがった色ができます。少しずつ水の量を増やして色をうすめるようにします。内側から外側へ、だんだんうすめるようにして色を塗りましょう。

年　組　名前

水の量を調節して絵に色を塗るワーク

考え方

　水の量を変えて塗ることができるようになったら、絵の色塗りに挑戦します。区切られた枠ごとに、水の量を変化させて、1～3色の中で色の変化を生み出せるようにします。同じ色でも、水の量を変化させることによって、様々な表現ができることを学びます。

授業の進め方

　子どもたちには、「今回は、○色で色を塗ります。区切られた枠の中に同じ濃さで色を塗ります。枠ごとに水の量を変化させます。水の量を増やせば薄くなるし、減らせば濃くなります。どれくらいの水の量で、どのような色合いになるのかを見て学びましょう」と取り組み前の説明を伝えます。

作品例と各ワークシートのPDFファイルがダウンロードできるQRコード

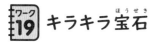

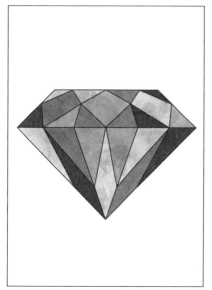

ワーク **21** バラ

 ワーク **22** ハトの
ステンドグラス

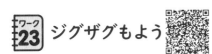 ワーク **23** ジグザグもよう

ワーク **24** こいのぼり

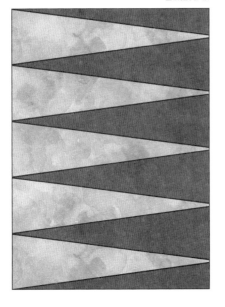

Chapter 2 水の量の調整によって色の濃淡を学ぶ図工ワークシート　39

水の量を調節して絵に色を塗る
キラキラ宝石

水の量を変えると、ちがった色ができます。1色を選んで、宝石のいろいろな部分に色を塗りましょう。

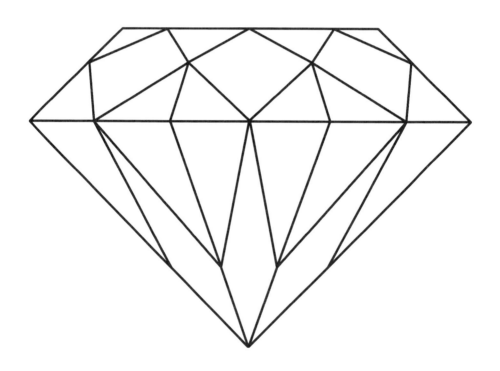

年　　組　　名前

ワーク 20　水の量を調節して絵に色を塗る
1色ステンドグラス

水の量を変えると、ちがった色ができます。1色を選んで、ステンドグラスのいろいろな部分に色を塗りましょう。

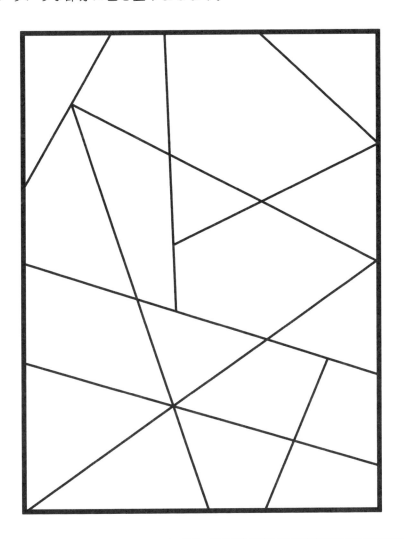

年　　　組　　　名前

水の量を調節して絵に色を塗る

バラ

水の量を変えると、ちがった色ができます。水を多くしたり、少なくしたりして、さまざまな色の濃さで塗りましょう。1色を選んで、バラのいろいろな部分に色を塗りましょう。

年　　　組　　　名前

水の量を調節して絵に色を塗る

ハトのステンドグラス

水の量を変えると、ちがった色ができます。水を多くしたり、少なくしたりして、さまざまな色の濃さで塗りましょう。2色を選んで、ハトやまわりの部分に色を塗りましょう。

年　　組　　名前

ワーク23 水の量を調節して絵に色を塗る
ジグザグもよう

水の量をできるだけ少なくして、2色でジグザグもようを塗りましょう。

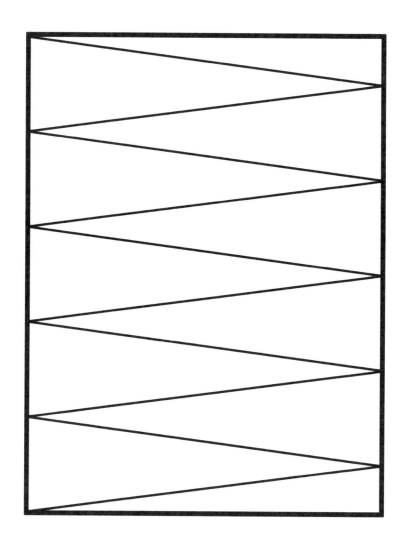

年　　組　　名前

水の量を調節して絵に色を塗る

こいのぼり

水の量をできるだけ少なくして、3色でこいのぼりを塗りましょう。

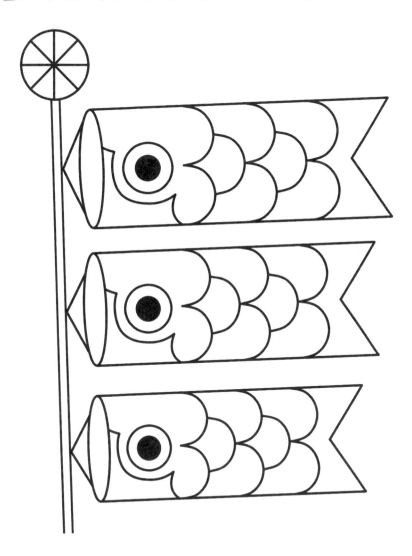

| 年 | 組 | 名前 |

グラデーションワーク

考え方

水の量を少しずつ増やすことで、グラデーションを表現します。1列ずつ水の量を増やすことで、徐々に透明へと近づけていきます。

授業の進め方

子どもたちには、「今回は、グラデーションの色の塗り方を学びましょう。色が、ほんの少しずつ変わっていく表現方法です。まず、パレットの『教室』へ色を出します。はじめは、水の量をできるだけ少なくして、横方向に色を1列塗ります。1列塗り終わったら、水の量を増やして、次の列を塗ります。そうして、1列ずつ水を増やしていくことで、徐々に色を薄くしていきましょう」と取り組み前の説明を伝えます。

作品例と各ワークシートの PDF ファイルがダウンロードできる QR コード

ワーク25 夕焼けの町

ワーク26 森の空

46

ワーク27 原始時代の空

ワーク28 サバンナ

ワーク29 遊園地の空

ワーク30 海の底

Chapter 2　水の量の調整によって色の濃淡を学ぶ図工ワークシート

ワーク 25 グラデーション
夕焼けの町

赤色の絵の具で、グラデーションの色を塗ります。上から1列ずつ、1列ごとに水の量を減らすようにして塗りましょう。

年　　組　　名前

ワーク **26** グラデーション
森の空

青色の絵の具で、グラデーションの色を塗ります。上から1列ずつ、1列ごとに水の量を減らすようにして塗りましょう。

年　　組　　名前

グラデーション
原始時代の空

1色の絵の具で、グラデーションの色を塗ります。上から少しずつ水の量を減らすようにして塗りましょう。

年　　組　　名前

ワーク28 グラデーション
サバンナ

1色の絵の具で、グラデーションの色を塗ります。上から少しずつ水の量を減らすようにして塗りましょう。

年　　組　　名前

グラデーション
遊園地の空

1色の絵の具で、グラデーションの色を塗ります。上から少しずつ水の量を減らすようにして塗りましょう。

| 年 | 組 | 名前 |

ワーク30 グラデーション
海の底

1色の絵の具で、グラデーションの色を塗ります。下から少しずつ水の量を減らすようにして塗りましょう。

年　　組　　名前

水入れの使い方

　絵の具をより上手に使うためには、水入れ（筆洗、筆洗バケツ）を使いこなせるようになることが必要です。子どもたちは、何も指導をしなければ、水入れの全部をジャブジャブと使い、どの水も汚してしまうことになりがちです。

　水入れの水には、2つの役割があります。1つ目は、筆の滑りをよくしたり、色の濃さを調節したりする役割です。2つ目は、色を変えるときに、筆をリセットする役割です。

　一般的に、水入れには仕切りがあって、きれいな水を残すことができるようになっています。まずは、筆の色を変えたいときには、「洗い水」で筆を洗います。次に、「すすぎ水」で筆に残った色をすすぎ落とします。さらに、常に残しているきれいな水「つけ水」で含みたい水の量を筆に含ませるようにします。さらに水の量を調節するために、雑巾が必ず必要となります。

　水入れに入れる水の量は、半分くらいを目安とします。入れ過ぎると、筆を洗うときにあふれ出るので、子どもたちには入れ過ぎないように注意を促す必要があります。

　水入れの使い方は、高学年になっても分かっていない子どもが多いものです。どの学年でも、年度のはじめに確認してから絵の具を使い始めるようにするといいでしょう。

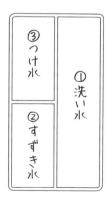

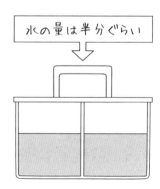

Chapter ③

基本のチョンチョン塗りと色の変化が学べる図工ワークシート

色を1か所ずつ塗り進めることで、
色の変化の生み出し方について学びます。

チョンチョン塗りの線塗りワーク

考え方

　色塗りの基本は、チョンチョン塗りです。筆に少量の絵の具をつけて、引き伸ばすのではなく、1か所ずつ塗り進めていきます。そうすることにより、色の変化を生み出すことができ、水彩画ならではの美しさを出すことができます。

授業の進め方

　子どもたちには、「今回は、チョンチョン塗りをします。ひと筆ひと筆、筆を置くようにして色を塗るのです。そうすると、時間はかかりますが、美しい色合いに塗ることができます。まるで『トン・トン・トン』と足音が聞こえてくるような感じで塗り進めましょう」と取り組み前の説明を伝えます。

作品例と各ワークシートのPDFファイルがダウンロードできるQRコード

ワーク31 テントウムシの円

ワーク32 ペンギンの散歩道

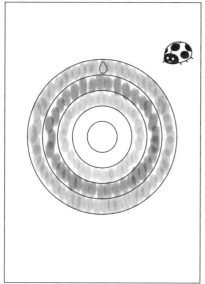
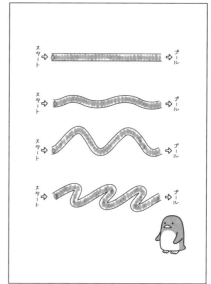

ワーク33 かけっこの足あと

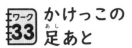

ワーク34 動物たちの足あと

ワーク35 導火線に着火！

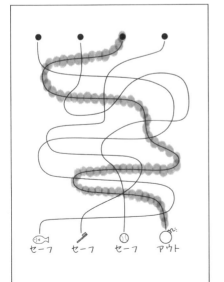

ワーク36 迷路の絵

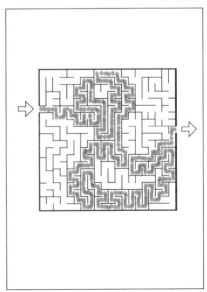

Chapter 3　基本のチョンチョン塗りと色の変化が学べる図工ワークシート　57

ワーク 31　チョンチョン塗りの線塗り
テントウムシの円

テントウムシが楽しく散歩をしています。まるい道を、クルクルと歩き回っています。テントウムシの足あとを描きましょう。

年　　　組　　　名前

ワーク 32 チョンチョン塗りの線塗り
ペンギンの散歩道

ペンギンが散歩をしています。曲がったり、大またで歩いたり、小またで歩いたりしています。足あとを道の上に描きましょう。

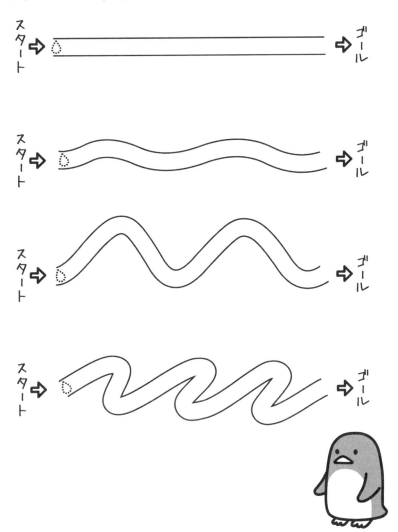

年　　組　　名前

チョンチョン塗りの線塗り
かけっこの足あと

小さな子どもが走っています。チョンチョン塗りで、足あとを描き入れましょう。

年　　組　　名前

チョンチョン塗りの線塗り
動物たちの足あと

動物たちが、かけっこをしています。筆の大きさを変えながら、チョンチョン塗りで、足あとを描き入れましょう。

年　　　組　　名前

チョンチョン塗りの線塗り
導火線に着火！

4つのうち、1つを選んで火をつけます。導火線の上を赤色でチョンチョン塗りして、下までたどりつきましょう。バクダンに火がつくとアウトです！

年　　組　　名前

ワーク36 チョンチョン塗りの線塗り
迷路の絵

迷路の中をチョンチョン塗りで描き進んでいきます。正しい道を進めば、絵がうかび上がってきますよ。

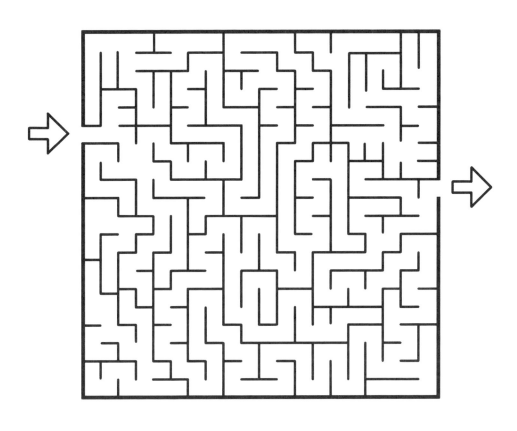

年　　組　　名前

チョンチョン塗りの色塗りワーク

考え方

「チョンチョン塗り」ができるようになってきたら、チョンチョン塗りを用いて絵を描くことに取り組みます。離れた点で飛び散る様子を表現したり、点を重ねて色を変化させたりします。1つずつ筆を置くことを意識させるようにします。

授業の進め方

子どもたちには、「今回は、チョンチョン塗りで、絵を描きましょう。筆をチョンチョンと置くようにして色づけします。置くたびに色が少し変化しますが、その変化が美しい色合いになります」と取り組み前の説明を伝えます。

作品例と各ワークシートのPDFファイルがダウンロードできるQRコード

ワーク37 バケツをバシャン

ワーク38 UFOから出る光

ワーク 39 かき氷

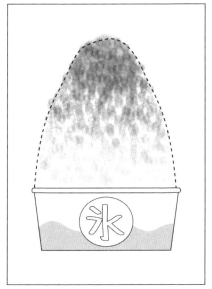

ワーク 40 ヒトデのひとやすみ

ワーク 41 池の中のコイ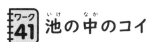

ワーク 42 木の上のカメレオン

Chapter 3 基本のチョンチョン塗りと色の変化が学べる図工ワークシート 65

チョンチョン塗りの色塗り
バケツをバシャン

バケツの水をひっくり返しました。バシャッ！ 飛び散る水の様子を、チョンチョン塗りで描きましょう。

| 年 | 組 | 名前 |

チョンチョン塗りの色塗り
UFOから出る光

UFOが地球にやってきました。キラキラと光が降りそそいでいます。2色を選んで、光をチョンチョン塗りで描きましょう。

年　　組　　名前

チョンチョン塗りの色塗り
かき氷

かき氷があります。1色を選んで、上から順にチョンチョン塗りをして下へと進み、少しずつ水でうすめていきます。

年　　組　　名前

ワーク 40 チョンチョン塗りの色塗り
ヒトデのひとやすみ

ヒトデがひとやすみしています。1色を選んで、ヒトデをチョンチョン塗りで色づけしていきましょう。

年　　組　　名前

ワーク 41 チョンチョン塗りの色塗り

池の中のコイ

コイがスイスイ泳いでいます。2色を選んで、コイをチョンチョン塗りで色づけしていきましょう。

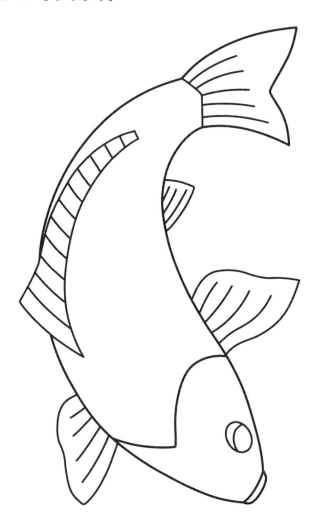

年　　組　　名前

ワーク42 チョンチョン塗りの色塗り
木の上のカメレオン

カメレオンが木の上にいます。3色を選んで、カメレオンをチョンチョン塗りで色づけしていきましょう。

年　　組　　名前

絵の具とパレットの使用方法

　絵の具を思い通りに塗ることができるようにするためには、パレットを上手に使いこなせなければいけません。

　パレットの小さな部分を『教室』、色を混ぜる部分を『運動場』と呼ぶようにすると、分かりやすく説明をすることができます。

　絵の具は、子どもの小指の爪くらい少量ずつをその『教室』に出させるようにします。大きな絵を描く場合では、ほんの少しずつでも、全色出させるようにするといいでしょう。絵の具の入っているケースの順番に出すようにすれば、似た色が並びます。似た色が隣同士になれば、混ざってしまったとしても、それほど問題がありません。

　ワークを通して、どのくらいの色を混ぜるときれいな色ができるのか、濁ってしまうのかを、できるだけ多く体験させるようにしましょう。特に、自分で色を選ぶ場合には、まったく違う色ばかりではなく、似た色を混ぜ合わせることをほめるといいでしょう。よく似た色は「類似色」と呼ばれるものであり、混ぜると美しい色ができあがります。

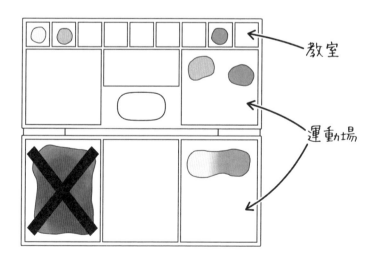

Chapter ❹

色の混ぜ方・配分が楽しく学べる図工ワークシート

三原色を中心に、様々な色を混ぜることで、色の作り方や表現方法について学びます。

色混ぜワーク

考え方

色の混ぜ方についての学習をします。たった2色でも、色の配分によって色合いが変わります。色を指定することによって、混ぜた結果の色について学ぶことができます。絵を描きながら、色の変化に注目させましょう。

授業の進め方

子どもたちには、「パレットの一番小さな部分を『教室』、色を混ぜる部分を『運動場』と呼びます。今回は、その『教室』に2色を出して、『運動場』で混ぜます。どちらかを多くしたり、少なくしたり、水の量を変えたりして、2色で様々な色を作ってみましょう」と取り組み前の説明を伝えます。

作品例と各ワークシートのPDFファイルがダウンロードできるQRコード

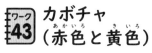

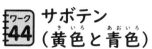

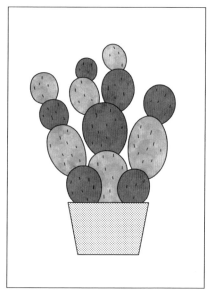

ワーク45 ブドウ（青色と赤色）	ワーク46 フラミンゴ（赤色と白色）

ワーク47 チーズ（黄色と白色）	ワーク48 ビーチボール（青色と白色）
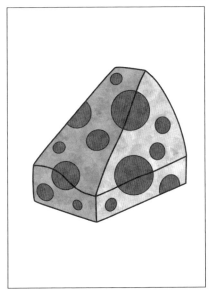	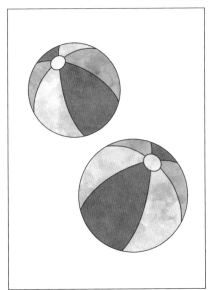

Chapter 4 色の混ぜ方・配分が楽しく学べる図工ワークシート

ワーク 43 色混ぜ

カボチャ（赤色と黄色）

赤色と黄色を混ぜて、カボチャに色を塗りましょう。絵の具や水の分量を変えて、さまざまな色合いになるようにしましょう。

年　　組　　名前

色混ぜ

サボテン（黄色と青色）

黄色と青色を混ぜて、サボテンに色を塗りましょう。絵の具や水の分量を変えて、さまざまな色合いになるようにしましょう。

| 年 | 組 | 名前 |

色混ぜ

ワーク45 ブドウ（青色と赤色）

青色と赤色を混ぜて、ブドウに色を塗りましょう。絵の具や水の分量を変えて、さまざまな色合いになるようにしましょう。

年　　組　　名前

色混ぜ

ワーク 46 フラミンゴ（赤色と白色）

赤色と白色を混ぜて、フラミンゴに色を塗りましょう。絵の具や水の分量を変えて、さまざまな色合いになるようにしましょう。

年　　　組　　　名前

色混ぜ

ワーク 47 チーズ（黄色と白色）

黄色と白色を混ぜて、チーズに色を塗りましょう。絵の具や水の分量を変えて、さまざまな色合いになるようにしましょう。

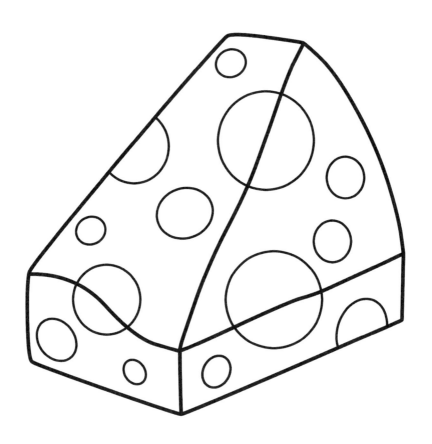

年　　組　　名前

ワーク 48 色混ぜ
ビーチボール（青色と白色）

青色と白色を混ぜて、ビーチボールに色を塗りましょう。絵の具や水の分量を変えて、さまざまな色合いになるようにしましょう。

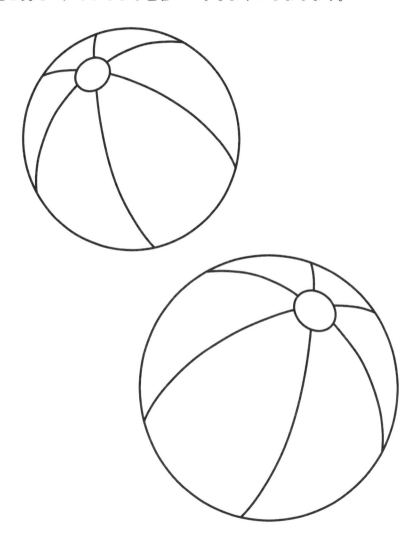

年　　組　　名前

三原色混ぜワーク

考え方

三原色である「赤、青、黄」を混ぜることで、様々な色を生み出します。三原色を用いれば、ほとんどすべての色を作ることができるとされます。色を混ぜることの価値に気付かせるようにしましょう。

授業の進め方

子どもたちには、「赤と青と黄は、三原色と呼ばれています。この3つの色を使えば、ほとんどすべての色を作り出すことができます。不思議ですね。また、さらに白と黒を少し足せば、さらに様々な色を作ることができます。今回は、混ぜるとどのような色になるのかを確認しましょう」と取り組み前の説明を伝えます。

作品例と各ワークシートのPDFファイルがダウンロードできるQRコード

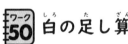

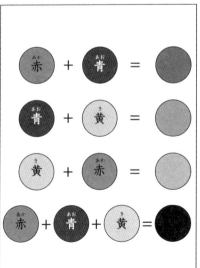
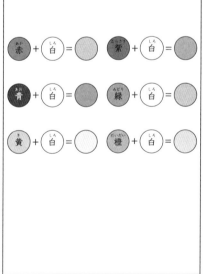

ワーク 51 黒の足し算

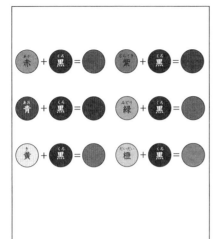

ワーク 52 オリジナル色の足し算

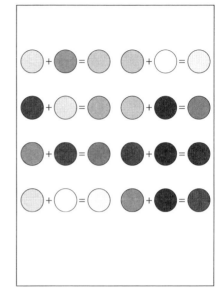

ワーク 53 色の足し算①

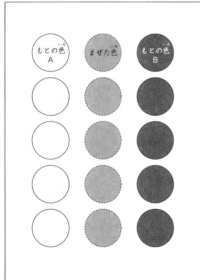

ワーク 54 色の足し算②
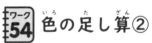
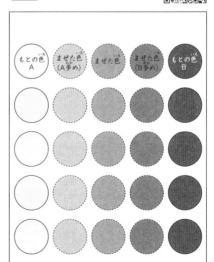

Chapter 4 色の混ぜ方・配分が楽しく学べる図工ワークシート

三原色の足し算

三原色（赤、青、黄）を混ぜてみましょう。どんな色になるのかな？

赤 ＋ 青 ＝ ◯

青 ＋ 黄 ＝ ◯

黄 ＋ 赤 ＝ ◯

赤 ＋ 青 ＋ 黄 ＝ ◯

| 年 | 組 | 名前 |

ワーク 50

三原色混ぜ
白の足し算

三原色（赤、青、黄）と三原色を混ぜてできた色に、白を混ぜてみましょう。どんな色になるのかな？

赤 ＋ 白 ＝ ◯　　　紫 ＋ 白 ＝ ◯

青 ＋ 白 ＝ ◯　　　緑 ＋ 白 ＝ ◯

黄 ＋ 白 ＝ ◯　　　橙 ＋ 白 ＝ ◯

年　　組　　名前

ワーク 51

三原色混ぜ

黒の足し算

三原色（赤、青、黄）と三原色を混ぜてできた色に、黒を混ぜてみましょう。どんな色になるのかな？

赤 ＋ 黒 ＝ ◯   紫 ＋ 黒 ＝ ◯

青 ＋ 黒 ＝ ◯   緑 ＋ 黒 ＝ ◯

黄 ＋ 黒 ＝ ◯   橙 ＋ 黒 ＝ ◯

年　　　組　　名前

ワーク 52

三原色混ぜ（さんげんしょくま）

オリジナル色の足し算（しょくたざん）

好きな色を2つ混ぜてみましょう。どんな色になるのかな？

○ ＋ ○ ＝ ○　　　○ ＋ ○ ＝ ○

○ ＋ ○ ＝ ○　　　○ ＋ ○ ＝ ○

○ ＋ ○ ＝ ○　　　○ ＋ ○ ＝ ○

○ ＋ ○ ＝ ○　　　○ ＋ ○ ＝ ○

年（ねん）　　組（くみ）　　名前（なまえ）

ワーク53 三原色混ぜ
色の足し算①

三原色（赤、青、黄）と黒と白を自由に混ぜて、いろいろな色を作ってみましょう。

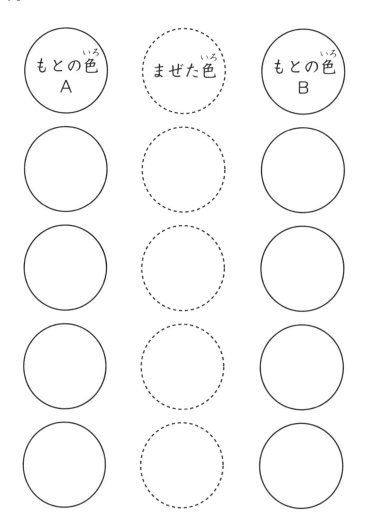

年　　組　　名前

ワーク54 三原色混ぜ
色の足し算②

三原色（赤、青、黄）と黒と白を自由に混ぜて、いろいろな色を作ってみましょう。

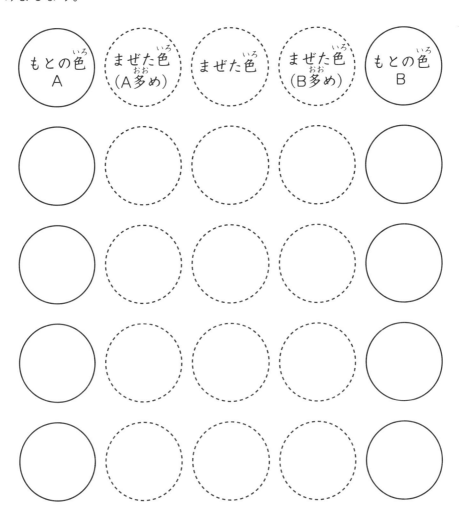

年　　組　　名前

三原色混ぜの色塗りワーク

考え方
三原色を用いて色塗りをします。はじめは1色を中心に色を作るように促して、次に3色を好きなように混ぜて、自由に色を塗ることができるようにします。

授業の進め方
子どもたちには、「三原色を使えば、様々な色を作ることができると分かりましたね。例えば、赤と青では紫、青と黄では緑になりました。今回は、3つの色でいくつかの絵を描いてみましょう。三原色をもとにして、様々な色合いを作り出しながら行います」と取り組み前の説明を伝えます。

作品例と各ワークシートの PDF ファイルがダウンロードできる QR コード

ワーク55 赤レンガの壁　　ワーク56 幸福の青い鳥

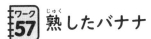

ワーク57 熟したバナナ

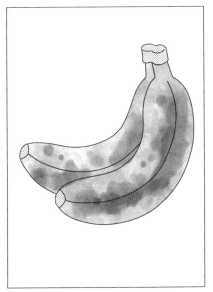

ワーク58 虹

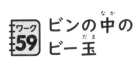

ワーク59 ビンの中のビー玉

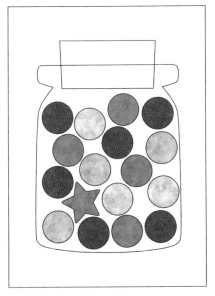

ワーク60 私のトロピカル・ドリンク

Chapter 4　色の混ぜ方・配分が楽しく学べる図工ワークシート　91

ワーク 55

三原色混ぜの色塗り

赤レンガの壁

三原色の中でも、赤を中心に他の色を混ぜて、レンガの壁に色を塗りましょう。

年　　組　　名前

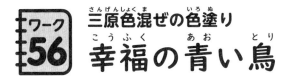

三原色混ぜの色塗り
幸福の青い鳥

三原色の中でも、青を中心に他の色を混ぜて、鳥に色を塗りましょう。

年　　　組　　名前

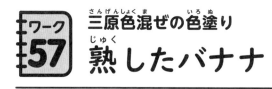

三原色混ぜの色塗り
熟したバナナ

三原色の中でも、黄を中心に他の色を混ぜて、熟したバナナに色を塗りましょう。

| 年 | 組 | 名前 |

三原色混ぜの色塗り
虹

三原色の3色を混ぜて、虹に色を塗りましょう。

| 年 | 組 | 名前 |

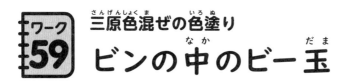

三原色の3色を混ぜて好きな色を作り、ビー玉に色を塗りましょう。

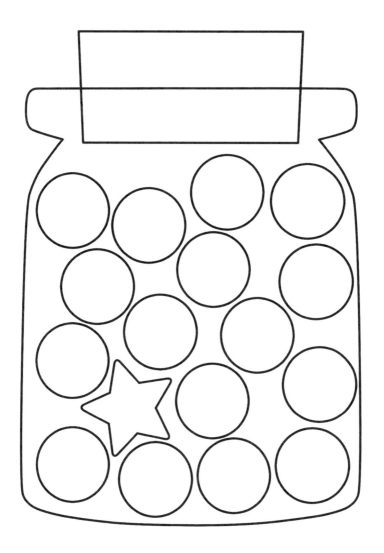

年　　組　　名前

三原色混ぜの色塗り
私のトロピカル・ドリンク

三原色の3色を混ぜて好きな色を作り、トロピカル・ドリンクに色を塗りましょう。

| 年 | 組 | 名前 |

主張色ワーク

考え方

子どもたちは、同じ系統の色ばかりをパレットに出して絵を描き進めてしまいがちです。そこで、主張色について教えます。主張色は、全体の色の調子を支配している色のことです。これをうまく絵の中に組み入れることで、その部分が目立って見えるようになり、絵全体にまとまりが生まれます。

授業の進め方

子どもたちには、「今回は、主張色を用いた色塗りをしてみましょう。主張色というのは、画面を引き締める効果をもつ色のことです。例えば、青の中に赤、緑の中に赤、茶の中に青を取り入れます。絵の中に1か所か2か所、少しだけ描き込むようにしましょう」と取り組み前の説明を伝えます。どの部分の色を変えるかについては、子どもがそれぞれ選ぶことができるようにします。

作品例と各ワークシートのPDFファイルがダウンロードできるQRコード

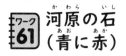

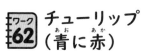

秋の葉
（緑に赤）

ワーク63

 紅葉
（緑に赤）

ワーク64

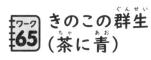 きのこの群生
（茶に青）

ワーク65

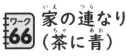 家の連なり
（茶に青）

ワーク66

Chapter 4　色の混ぜ方・配分が楽しく学べる図工ワークシート　99

ワーク61 主張色
河原の石（青に赤）

青色を中心にして（緑色と黄色も混ぜながら）、石に色を塗ります。その中に、赤色の石をほんの少しだけ取り入れてみましょう。

年　　組　　名前

主張色

ワーク 62 チューリップ（青に赤）

青色を中心にして（緑色と黄色も混ぜながら）、チューリップに色を塗ります。その中に、赤色のチューリップを一輪だけ取り入れてみましょう。

年　　組　　名前

ワーク 63 **主張色**
秋の葉（緑に赤）

緑色を中心にして（黄土色と青色も混ぜながら）、葉に色を塗ります。その葉の中に、赤色の葉を少しだけ取り入れてみましょう。

年　　組　　名前

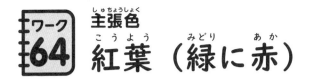

主張色
紅葉（緑に赤）

緑色を中心にして（黄土色と青色も混ぜながら）、葉に色を塗ります。その葉の中に、赤色の葉を少しだけ取り入れてみましょう。

| 年 | 組 | 名前 |

主張色

ワーク 65 きのこの群生（茶に青）

茶色を中心にして（黄土色とこげ茶色も混ぜながら）、きのこに色を塗ります。きのこの中に、青色をほんの少しだけ取り入れてみましょう。

年　　組　　名前

ワーク66 主張色
家の連なり（茶に青）

茶色を中心にして（黄土色とこげ茶色も混ぜながら）、建物に色を塗ります。建物の中に、青色をほんの少しだけ取り入れてみましょう。

年　　組　名前

Column 4

図画工作科と ICT

　絵の具ワークシートに取り組むにあたっては、1人1台端末のパソコンやタブレットなどの ICT 機器を大いに有効活用しましょう。次の3つの使用方法が考えられます。

ICT 機器の使用方法①　友だちの作品を鑑賞する

　まず、鑑賞の場面での使用が考えられます。例えば、本書のワークシートの取り組みを終えた後に、次のように指示をします。

　「自分のお気に入りの1枚を写真に撮り、クラス全体に共有します。友だちの作品を見て、よいところについてコメントを書き入れましょう」

　こうすれば、立ち歩くことなく、自分の座席で友だちの作品を見ることができます。子どもたちは、お互いの作品を見ることで、よいところに着目して意見を書き込んで伝えます。よい意見をもらった子どもは、友だちに認めてもらえたことを喜ぶことでしょう。改善案を得た子どもは、それを基にして、よりよい絵を描くことができます。また、様々な作品を鑑賞することにより、友だちの作品からアイディアを得て、自分の作品を発展させる子どももいることでしょう。

ICT 機器の使用方法②　解説動画を作成する

　録画機能を用いて、解説動画を記録することができます。例えば、「自分の作品について、制作過程や作品説明を 15 秒以内で記録しましょう」と指示して、動画を作ります。制作過程の要所を録画してもいいし、できあがった作品について口頭やグラフィックで解説するのもいいです。

　その動画を鑑賞し合う時間を設定すれば、質の高い相互鑑賞になることでしょう。

ICT 機器の使用方法③　作品の写真を後で見返す

　また、これらの写真や動画データを保存しておけば、後で学びを振り返ることができます。教師は「○○のワークシートで学んだ技法を使ってみよう」というように指示します。子どもたちは、ワークシートの写真を見返すことにより、学びを想起することができるでしょう。

Chapter 5

様々な技法から表現力・想像力を育む図工ワークシート

絵の具による彩色の代表的な技法である
「にじみ」「かすれ」「スパッタリング」
「ドリッピング」「スタンピング」「マーブリング」
について学びます。

にじみワーク

考え方

「にじみ」は、絵の具で彩色する際の基本的な技法です。画用紙に水を塗った後に、絵の具をつけた筆先で着色すると、色が広がり、にじんだ状態になり、線をぼかしたような印象にすることができます。境界線がにじんで、柔らかく優しい印象の表現ができます。

授業の進め方

子どもたちへは、「今回は、『にじみ』という技法を学びましょう。まず、画用紙に筆で水を塗って広げます。その後、絵の具をつけた筆で色をつけます。すると、色がぼんやりと広がります。いくつかの色を塗ることで、混ざり合う美しさを表現することもできます」と取り組み前の説明を伝えます。

作品例と各ワークシートの PDF ファイルがダウンロードできる QR コード

 ろうそく 　　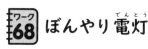 ぼんやり電灯（でんとう）

ワーク69 シャンデリア	ワーク70 アルコールランプ

ワーク71 虹色の魚(にじいろのさかな)	ワーク72 きょうりゅうの卵(たまご)
	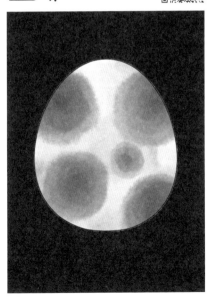

Chapter 5 様々な技法から表現力・想像力を育む図工ワークシート　　109

ワーク 67 にじみ
ろうそく

ろうそくが光っています。どんな色で光っているのかな。ろうそくのまわりに水を塗ってから、絵の具をチョンチョンと塗ってみましょう。

年　　組　　名前

ワーク 68

にじみ

ぼんやり電灯

電灯が光っています。どんな色で光っているのかな。電灯のまわりに水を塗ってから、絵の具をチョンチョンと塗ってみましょう。

年　　組　　名前

ワーク69 にじみ
シャンデリア

シャンデリアが輝いています。どんな色で輝いているのかな。シャンデリアのまわりに水を塗ってから、絵の具をチョンチョンと塗ってみましょう。

年　　組　　名前

ワーク70 にじみ
アルコールランプ

アルコールランプが光っています。どんな色で光っているのかな。アルコールランプのまわりに水を塗ってから、絵の具をチョンチョンと塗ってみましょう。

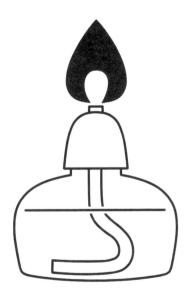

年　　組　　名前

にじみ
虹色の魚

虹色の魚が泳いでいます。どんな色をしているのかな。魚の体に水を塗ってから、絵の具をチョンチョンと塗ってみましょう。色を塗ったところがかわいたら、魚の部分を切り取って、黒い画用紙にはりつけましょう。

| 年 | 組 | 名前 |

ワーク72 にじみ
きょうりゅうの卵（たまご）

きょうりゅうの卵があります。どんな色で光っているのかな。卵に水を塗ってから、絵の具をチョンチョンと塗ってみましょう。色を塗ったところがかわいたら、卵の部分を切り取って、黒い画用紙にはりつけましょう。卵をジグザグに切って、割ってみるのもいいですね。

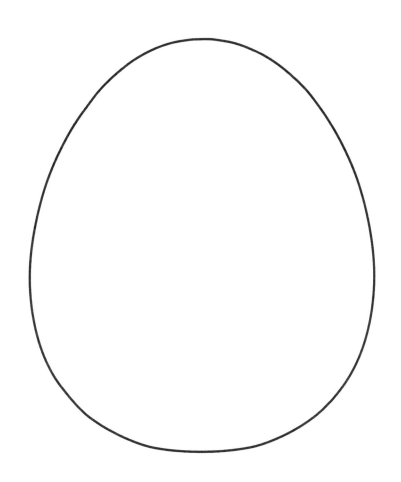

年　　組　　名前

かすれワーク

考え方

「かすれ」は、絵の具のついた筆の水気を切って描く技法です。水彩画は水を用いるのが基本ですが、あえて筆の水気を少なくすることにより、ガサガサとした質感を表現することができます。また、塗った色の上に塗り重ねることで、多様な表現ができるようになります。

授業の進め方

子どもたちには、「今回は、『かすれ』という技法をやってみましょう。平筆を持っている人は、それを使います。できるかぎり筆の水気を拭き取ってから、筆に絵の具をつけます。かすれるようにさせながら、絵の具で塗っていきましょう」と取り組み前の説明を伝えます。

作品例と各ワークシートのPDFファイルがダウンロードできるQRコード

 ススキ 　　 ネコジャラシ

ワーク **75** イルカの ジャンプ

ワーク **76** 嵐の日

ワーク **77** 美しいまり

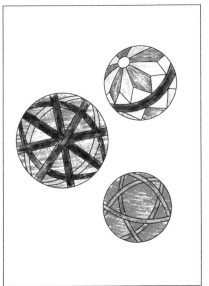

ワーク **78** 木の幹

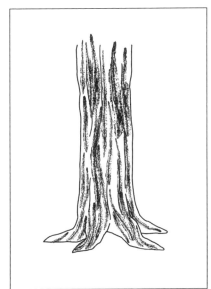

Chapter 5　様々な技法から表現力・想像力を育む図工ワークシート　117

ワーク73 かすれ ススキ

ススキが生えています。筆ではなく、水気を切った棒に絵の具をつけて、ススキの穂を描きましょう。

年　組　名前

ワーク74 かすれ
ネコジャラシ

ネコジャラシが生えています。水気を切った筆に色をつけて、ネコジャラシの毛（穂）を描きましょう。

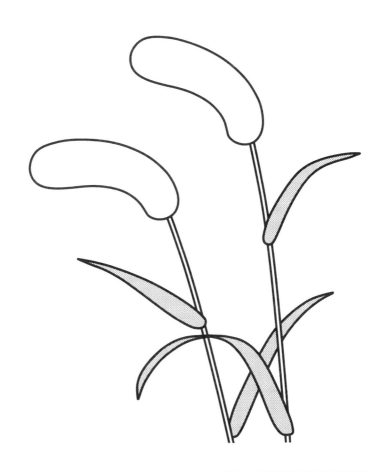

年　　組　　名前

ワーク75 かすれ
イルカのジャンプ

イルカが大きくジャンプしました。水気を切った筆に色をつけて、水しぶきを描きましょう。

年　　組　　名前

ワーク76 かすれ
嵐（あらし）の日（ひ）

嵐がやってきました。水気（みずけ）を切（き）った筆（ふで）に色（いろ）をつけて、雨風（あめかぜ）を描（か）きましょう。

年（ねん）	組（くみ）	名前（なまえ）

ワーク 77 かすれ
美しいまり

いくつかのまりが置いてあります。水気を切った筆に色をつけて、まりに模様を描きましょう。

年　　組　　名前

ワーク78 かすれ 木の幹

木の幹があります。まずは、チョンチョン塗りで色をつけます。色が乾いたら、さらにその上から、水気を切った筆に色をつけて、木の幹に模様を描きましょう。

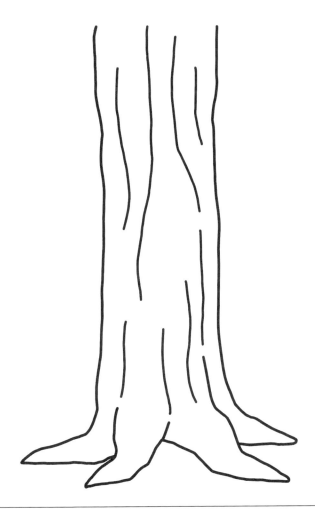

年　　組　　名前

スパッタリングワーク

考え方

　スパッタリングは、絵の具を目の細かい網に塗り、ブラシでこすることによって、絵の具を小さな粒にして画用紙に飛ばす絵画技法です。目の細かい網に、絵の具をつけたブラシをこすりつける方法もあります（今回は後者の方法）。

授業の進め方

　子どもたちには、「今回は、『スパッタリング』という技法で色を塗りましょう。1人に1枚、網を配ります。歯ブラシに、1つの色をつけますが、このとき、水を多めに含ませます。網の上に歯ブラシを乗せてこすりつけることで、絵の具を細かい粒にして色づけするのです」と取り組み前の説明を伝えます。

作品例と各ワークシートの PDF ファイルがダウンロードできる QR コード

 いろいろな葉っぱ

 猫

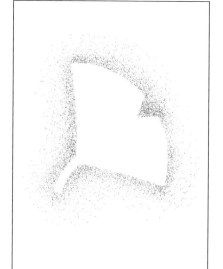

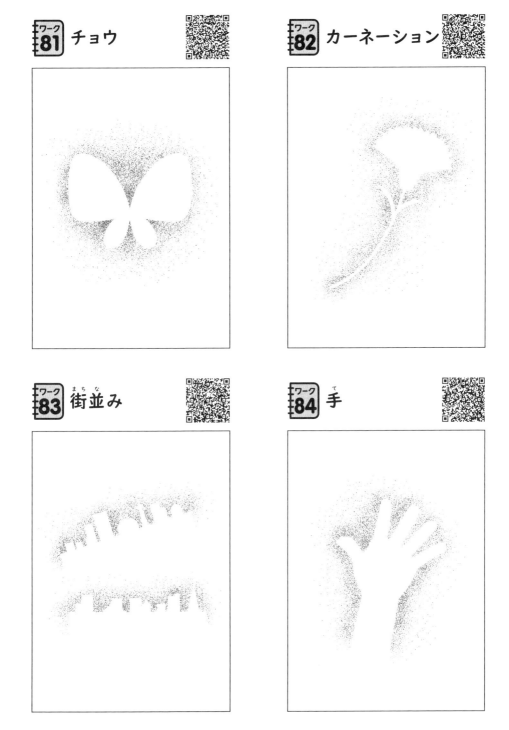

Chapter 5 様々な技法から表現力・想像力を育む図工ワークシート

スパッタリング
いろいろな葉っぱ

いろいろな葉っぱの中から、いくつかを選んで切り抜きます。切り抜いた紙を、他の画用紙に乗せて、上からスパッタリングで色をつけましょう。

年　　組　　名前

ワーク80 スパッタリング
猫（ねこ）

猫の中から、いくつかを選んで切り抜きます。切り抜いた紙を、他の画用紙に乗せて、上からスパッタリングで色をつけましょう。

| 年 | 組 | 名前 |

ワーク81 スパッタリング
チョウ

チョウの中から、いくつかを選んで切り抜きます。切り抜いた紙を、他の画用紙に乗せて、上からスパッタリングで色をつけてチョウの群れを描きましょう。

年　組　名前

ワーク 82　スパッタリング

カーネーション

カーネーションを、りんかくにそって切り抜きます。切り抜いた紙を、他の画用紙に乗せて、上からスパッタリングで色をつけましょう。

年　　組　　名前

ワーク 83　スパッタリング
街並み

街の絵を線に沿って切り抜きます。切り抜いた紙か、切り抜いたあとの紙を使います。他の画用紙に乗せて、上からスパッタリングで色をつけましょう。

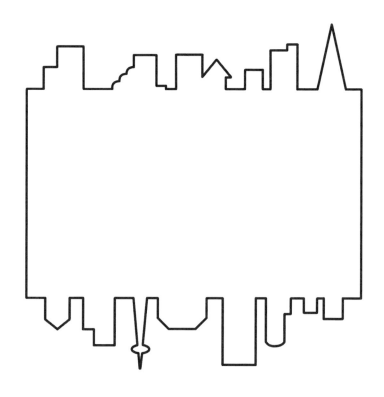

年　　組　　名前

ワーク 84　スパッタリング
手

手の中から、いくつかを選んで切り抜きます。切り抜いた紙を、他の画用紙に乗せて、上からスパッタリングで色をつけましょう。

| 年 | 組 | 名前 |

ドリッピングワーク

考え方

ドリッピングは、水を多く含んだ絵の具を筆にしみこませて、筆から絵の具をしたらせて、その絵の具をストローなどで吹いて描く技法です。思いがけない線が描かれます。

授業の進め方

子どもたちには、「今回は、『ドリッピング』という技法で色を塗ります。みなさんは、ストローで水を吹いたことがありますか。フーッと吹くと、水が進んで線になりますよね。それを使って、色づけするのです。絵の具を筆に含ませます。水は多めにしましょう。絵の具を画用紙の上にポタリとたらしたら、ストローで息を吹きかけます」と取り組み前の説明を伝えます。

作品例と各ワークシートの PDF ファイルがダウンロードできる QR コード

 クジラの噴水

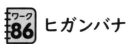 ヒガンバナ

ワーク87 カミナリ様の稲妻	ワーク88 ライオンのたてがみ

ワーク89 魔法の宝箱	ワーク90 羽ばたくフクロウ
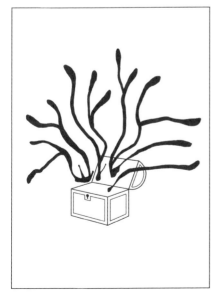	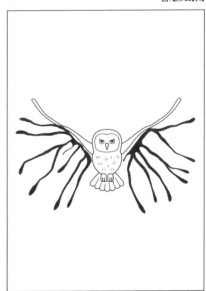

Chapter 5 様々な技法から表現力・想像力を育む図工ワークシート

ワーク85 ドリッピング
クジラの噴水

クジラがしおをふいて、噴水になりました。バシャーッ！　ドリッピングで、噴水を描きましょう。クジラの背中に絵の具をたらして、上側に向かってストローでふきます。

年　　組　　名前

ワーク86 ドリッピング
ヒガンバナ

ヒガンバナが咲いています。ドリッピングで、花びらなどを描き足して増やしましょう。クキの先に絵の具をたらして、外側に向かってストローでふきます。

| 年 | 組 | 名前 |

ワーク87 ドリッピング
カミナリ様の稲妻

嵐がやってきました。あちこちで、稲妻が起こりました。ドリッピングで、稲妻の線を描きましょう。雲に絵の具をたらして、下方向に向かってストローでふきます。

年　　組　　名前

ドリッピング
ライオンのたてがみ

ライオンがいます。どんなたてがみをしているのかな？ ドリッピングで、たてがみを描きましょう。ライオンの顔のまわりに絵の具をたらして、外側に向かってストローでふきます。

年　　組　　名前

ドリッピング
魔法の宝箱

魔法の宝箱があります。開けると、キラキラと光があふれ出てきました。ドリッピングで、光の線を描きましょう。宝箱の上に絵の具をたらして、外側に向かってストローでふきます。

年　　　組　　　名前

ドリッピング
羽ばたくフクロウ

フクロウが羽ばたいています。ドリッピングで、フクロウの羽ばたきの様子を描きましょう。羽の上に絵の具をたらして、下方向に向かってストローでふきます。

| 年 | 組 | 名前 |

スタンピングワーク

考え方

スタンピングは、特殊なスタンプや型や切った野菜を使って、インクや絵の具を転写して、模様やデザインを作り出す技法です。小学校では、主にガーゼなどでスタンプを作って使用するのがいいでしょう。

授業の進め方

子どもたちには、「今回は、『スタンピング』をします。ガーゼ2枚とクリップ1つを配ります。1枚のガーゼを丸めて、もう1枚のガーゼで包むようにします。クリップで留めれば、スタンプの『たんぽ』の完成です。たんぽに絵の具をつけて、ポンポンと押し付けるようにして色を塗っていきます」と取り組み前の説明を伝えます。

作品例と各ワークシートの PDF ファイルがダウンロードできる QR コード

ワーク93 カラフル羊(ひつじ)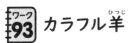

ワーク94 カラフル亀(かめ)

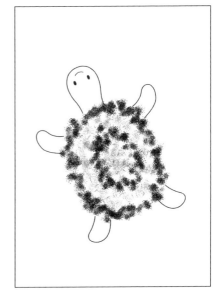

ワーク95 火山(かざん)の噴火(ふんか)

ワーク96 灯台(とうだい)に打(う)ちつける波(なみ)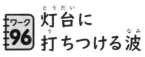

Chapter 5　様々な技法から表現力・想像力を育む図工ワークシート　141

ワーク91 スタンピング
桜の木

桜の木に花が咲きました。スタンピングをして、枝に花を咲かせていきましょう。

年　　組　　名前

スタンピング
アジサイ

アジサイの花が咲いています。スタンピングをして、クキに花を咲かせましょう。

| 年 | 組 | 名前 |

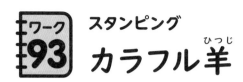

スタンピング
カラフル羊

カラフルな羊が遊んでいます。スタンピングで、好きな色の毛を描き入れましょう。

| 年 | 組 | 名前 |

スタンピング
ワーク94 カラフル亀

カラフルな亀が泳いでいます。スタンピングで、好きな色の甲羅を描き入れましょう。

年　　組　　名前

ワーク 95 スタンピング
火山の噴火

火山が大きな噴火をしました。噴火の様子を、スタンピングで表現しましょう。

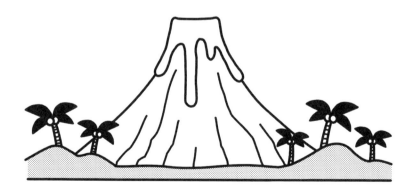

年　　組　　名前

ワーク96　スタンピング

灯台に打ちつける波

灯台に波が打ちつけています。ザバーン！ スタンピングで波を描きましょう。

年　　組　　名前

マーブリングワーク

考え方

マーブリングとは、絵の具を水面にたらして、水面に広がったり、混じり合ったりしてできた模様を紙に写し取る技法です。水彩絵の具は水に沈んでしまうため、専用のマーブリング絵の具を使用します。

授業の進め方

子どもたちには、「今回は、『マーブリング』という技法をやってみましょう。1班に1セット、トレーとマーブリング絵の具とストローを配ります。トレーに水を張ります。ストローで、水に混ぜ入れた絵の具を取り、数滴たらして、模様を作ります。模様ができたら紙を乗せて、模様を写し取ります。写し取った紙が乾いたら、切り取って、作品を仕上げましょう」と取り組み前の説明を伝えます。

作品例と各ワークシートのPDFファイルがダウンロードできるQRコード

 マーブル・ベアー

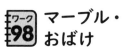 マーブル・おばけ

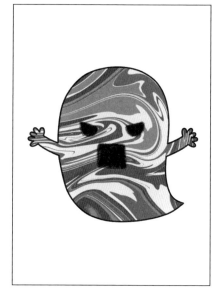

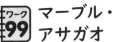

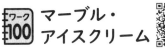

Chapter 5　様々な技法から表現力・想像力を育む図工ワークシート　149

ワーク97 マーブリング
マーブル・ベアー

マーブル模様のくまがいるよ！　どんな顔をしているのかな？　マーブル模様をうつしとったあとに、切り取って、他の画用紙にはりつけ、顔を描きましょう。

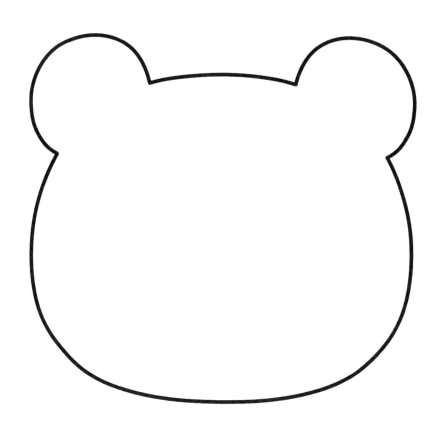

年　　組　　名前

ワーク98 マーブリング
マーブル・おばけ

マーブル模様のおばけがいるよ！ どんな顔をしているのかな？ マーブル模様をうつしとったあとに、切り取って、他の画用紙にはりつけ、顔を描きましょう。

| 年 | 組 | 名前 |

マーブリング
マーブル・アサガオ

マーブル模様のアサガオがあるよ！　マーブル模様をうつしとったあとに、切り取って、他の画用紙にはりつけ、葉っぱを描き足しましょう。

年　　組　　名前

ワーク100 マーブリング
マーブル・アイスクリーム

マーブル模様のアイスクリームがあるよ！ 1段～4段を選ぼう！ マーブル模様をうつしとったあとに、切り取って、他の画用紙に重ねてはりつけて、コーンを描き足しましょう。

年　　　組　　　名前

マーブリング

ワーク101 マーブル・宇宙

マーブル模様の星があるよ！ マーブル模様をうつしとったあとに、切り取って、黒い画用紙にはりつけましょう。さまざまな大きさの星をはりつけるのもいいですね。

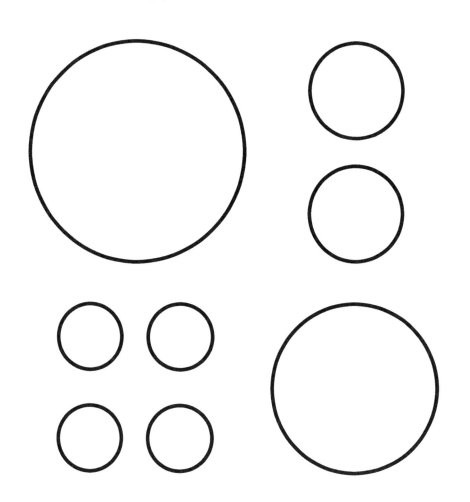

年　　　組　　　名前

参考文献

・大河内義雄『描画が楽しくなる　ワーク版　酒井
式描画指導法入門』明治図書出版（1993年）

・大河内義雄、竹田裕愿『かたつむりの線で変わる
ワーク版　酒井式描画指導法入門　第2集』明治
図書出版（1994年）

・大河内義雄、竹田裕愿『彩色が楽しくなる　ワー
ク版　酒井式描画指導法入門　第3集』明治図書
出版（1995年）

・藤原光雄『もう「できない」とは言わせない！
とっておきの図画工作レッスン　小学1・2・3
年生』清風堂書店（2019年）

・藤原光雄『もう「できない」とは言わせない！
とっておきの図画工作レッスン　小学4・5・6
年生』清風堂書店（2019年）

著者紹介

三好真史（みよし しんじ）

1986年大阪府生まれ。
京都大学大学院教育学研究科修士課程修了。
堺市立小学校教員。メンタル心理カウンセラー。
教育サークル「ふくえくぼの会」代表。
著書に、『子どもがつながる！ クラスがまとまる！ 学級あそび101』『授業にそのまま使える！ スキマ時間に最適！ 図工あそび101』（ともに学陽書房）など。

どの子も夢中！ そのまま掲示物に！
わくわく図工ワークシート101〈絵の具編〉

2025年3月27日　初版発行

著者	三好真史（みよししんじ）
ブックデザイン	能勢明日香
DTP制作	スタジオトラミーケ
イラスト	榎本はいほ
発行者	佐久間重嘉
発行所	株式会社 学陽書房 東京都千代田区飯田橋1-9-3　〒102-0072 営業部　TEL03-3261-1111　FAX03-5211-3300 編集部　TEL03-3261-1112　FAX03-5211-3301 https://www.gakuyo.co.jp/
印刷	加藤文明社
製本	東京美術紙工

©Shinji Miyoshi 2025, Printed in Japan
ISBN978-4-313-65538-6　C0037

乱丁・落丁本は、送料小社負担にてお取り替えいたします。
定価はカバーに表示してあります。

JCOPY ＜出版者著作権管理機構 委託出版物＞
本書の無断複製は著作権法上での例外を除き禁じられています。複製される場合は、そのつど事前に、出版者著作権管理機構（電話03-5244-5088、FAX 03-5244-5089、e-mail: info@jcopy.or.jp）の許諾を得てください。

学陽書房の好評既刊！

● 「あそび101」シリーズ

学校が大好きになる！
小1プロブレムもスルッと解消！
1年生あそび101

三好真史 著　◎A5判132頁　定価1980円（10%税込）

小学校教育の学級担任の中でも特別と言われる1年生。学校生活に慣れさせながら、友だちとのつながりやルールの習得、また、読み書きや計算などの初歩学習も身につき、気が付くと学校が大好きになっている愉快なあそびが詰まった一冊！

仲よくなれる！
楽しく学べる！
2年生あそび101

三好真史 著　◎A5判128頁　定価1980円（10%税込）

1年生と異なり、友だち関係も学習の変化も大きい2年生の子どもたちが、楽しく教師・友だちと関わったり、勉強に取り組んだりできるような愉快なあそびが詰まった一冊。国語科や算数科のほか、2年生担任が悩みやすい音楽科のあそびも収録！

やる気が育つ！
学びに夢中になる！
3年生あそび101

三好真史 著　◎A5判128頁　定価2090円（10%税込）

自我が芽生え行動欲も旺盛になる3年生の子どもたちが、友だちと協働したり、関係づくりを深めたりすることができるあそびが詰まった一冊。国語科や算数科のほか、3年生担任が困りがちな理科や社会科の授業でも活用できるあそびも満載！

学陽書房の好評既刊！

● 「あそび101」シリーズ

子どもがつながる！
クラスがまとまる！
学級あそび101

三好真史 著　◎A5判228頁　定価1760円（10%税込）

準備なしで気軽に教室ですぐに取り組めるカンタン学級あそび集。子ども1人ひとりの距離を縮めながら、自然なつながりを引き出すコミュニケーションあそびが満載です。すべてのあそびが、低・中・高学年に対応！

読み書きが得意になる！
対話力がアップする！
国語あそび101

三好真史 著　◎A5判140頁　定価2090円（10%税込）

子どもが夢中になって言葉の世界をグングン広げていくことができるあそび集。お馴染みのしりとりや辞書を使ったゲーム、作文ゲーム、話し合いゲームなど、楽しく取り組みながら国語が大好きな子どもを育む一冊です！

「読む」「書く」が育つ！
国語力が楽しくアップ！
漢字あそび101

三好真史 著　◎A5判152頁　定価2310円（10%税込）

小学校教育の基盤となる漢字力アップに役立ち、授業の導入やさまざまな場面で活用しやすい全学年対応のあそび集。ペアやグループで活動するもの、ワークシートやタブレットを用いながら取り組むものなどバリエーション豊かなアクティビティが満載！

学陽書房の好評既刊！

● 「あそび101」シリーズ

楽しく数学脳が鍛えられる！
ワークシートで便利！
算数あそび101

三好真史 著　◎A5判136頁　定価2090円（10％税込）

パズルや迷路、図形や計算あそび……子どもたちが「もっと解いてみたい！」「考えるのって楽しいな！」と夢中になれるあそびが満載！　算数科の授業導入時のウォーミングアップにはもちろんのこと、授業の振り返り活動など、多様なかたちで楽しめます！

授業にそのまま使える！
スキマ時間に最適！
図工あそび101

三好真史 著　◎A5判128頁　定価2090円（10％税込）

どのあそびもワークシート形式であるため、準備は本書のページをプリントするだけ。そして、簡単に取り組めるものでありながら、図画工作の基本技法が学べます。子どもが楽しく創造力や表現力を発揮させることのできる「あそび」が詰まった一冊！

運動嫌いの子も楽しめる！
体力アップに効果絶大！
体育あそび101

三好真史 著　◎A5判132頁　定価2090円（10％税込）

運動嫌いを解消しながら体力アップをはかると同時に、クラスを一つにまとめるコミュニケーション活動や規律づくりにも役立つあそび集！　体育科の授業ではもちろん、雨の日の教室あそびやクラスイベントでも楽しく取り組めます！

学陽書房の好評既刊！

● 「あそび101」シリーズ

意見が飛び交う！
体験から学べる！
道徳あそび101

三好真史 著　◎A5判132頁　定価2090円（10%税込）

「特別の教科 道徳」の授業にそのまま取り入れられて、深い学びと成長が引き出せる「あそび」を精選！ 各あそびのねらいは学習指導要領の項目に対応し、あそびを通して子どもが体験的に学ぶことで、考えを深めながら道徳的成長が育めます！

どの子も好きになる！
楽しみながら話せる！
英語あそび101

三好真史 著　◎A5判136頁　定価2090円（10%税込）

英語に関心をもたせながら、子どもも教師も一緒に楽しめて、いつの間にかどんどん話せてしまう効果絶大のあそびが詰まった一冊。お馴染みのジャンケンゲームやカードゲームをはじめ、単語や簡単フレーズを使ったものなどが満載！

パソコンなしで学べる！
思考法が楽しく身につく！
プログラミングあそび101

三好真史 著　◎A5判152頁　定価2090円（10%税込）

すべてワークシート形式＆パズル感覚で楽しく取り組みながら、体験的に「プログラミング的思考」を養うことができるあそび集。パソコン不要のため、各教科の授業ではもちろんのこと、特別活動や宿題などさまざまに活用できます！